AF357243

RÈGLES

ET

PRINCIPES

SUR

LE JEU DE DOMINO,

Avec les décisions des meilleurs Joueurs.

Prix 12 fols.

A AMSTERDAM,

Et se trouve à PARIS,

Chez {
FOURNIER, Libraire, à l'entrée du Quai des Augustins, du côté du Pont Saint-Michel;
CLOUSIER, Imprimeur-Libraire, rue Saint-Jacques, vis-à-vis celle des Mathurins.

M. DCC. LXXX.

AVIS.

L'USAGE que le Public a de jouer au
Jeu de Domino dans les Cafés de Paris
& dans d'autres endroits, doit me garantir
qu'on ne désapprouvera pas le désir que
j'ai formé de le satisfaire, en lui donnant
des Principes & des Règles sur ce Jeu, le
connoissant assez particulièrement ; & après
avoir pris différens avis sur le jugement
de certains coups qui arrivent dans les
parties, je me suis décidé à les mettre par
écrit, afin de lever toutes les difficultés qui
peuvent survenir en ce Jeu, qui est le seul
qu'on puisse jouer publiquement. Je cherche
donc à conserver la tranquillité dans les
endroits où un nombre de Gens honnêtes
se rendent, & où ils s'amusent à peu de

A 2

frais en jouant ce Jeu. Si je ne parviens pas au but que je me propose, que le Public veuille bien avoir pour moi de l'indulgence, eu égard au désir que j'ai de le servir.

IDÉE

DU

JEU DE DOMINO.

CE Jeu formé de dés longs, plats & carrés, peut être fait de différentes matières; il est ordinairement d'os ou d'ivoire, mais il est plus propre lorsqu'il est moitié os ou ivoire, & l'autre moitié de bois noirci, c'est-à-dire, la moitié où les points sont marqués est dessous, & le bois noirci dont elle est couverte fait l'autre moitié; c'est cette qualité qui règne aujourd'hui, & il paroît que le choix en est déterminé; à tous égards cela doit être, car la propreté dont ce Jeu est, procurent de l'habileté à jouer.

Ce Jeu peut avoir un nombre de dés considérable, mais il est fixé à vingt-huit, & cette quantité suffit pour le rendre compliqué & intéressant dans les différentes manières de le jouer.

A 4

Dans ces vingt-huit dés il se trouve sept espèces de dés qui commencent par le double blanc & finissent par le double six : ces dés forment ensemble un nombre de cent soixante-huit points.

Dans ces sept espèces de dés il se trouve huit dés qui ont une même terminaison, c'est-à-dire, huit blancs, huit as, huit deux, huit trois, huit quatre, huit cinq & huit six : on en compte huit, attendu qu'il se trouve deux blancs, dans le double blanc, ainsi des autres : chaque sorte de dé se trouve donc avoir un bout marqué de chaque espèce de dé.

Ce Jeu devient singulièrement en usage ; il se fait d'assez belles parties, je dis belles, non pas à cause des sommes qui se jouent, mais à cause de la manière de le jouer. L'habileté que les Joueurs y apportent, les dés posés à propos pour faire bouder ses adversaires ; enfin le désir de faire domino, fait découvrir dans un Joueur une passion intéressante.

Il n'est pas ordinaire qu'il se commette aucune tromperie à ce Jeu, ce que l'on y joue ne méritant pas la peine de tromper : il arrive cependant quelquefois des coups à décider, & c'est pour éviter toutes contestations que j'entreprends de donner des règles : mais avant de le faire j'ai cru néceſſaire de donner une idée des differentes parties qui ſe jouent, & de rendre compte des principes que l'on doit avoir pour ce Jeu. On fera donc plus à même de juger de la juſteſſe de ces règles, quand on aura ſenti les endroits qui en ſont ſuſceptibles : ces règles ont déja été conſenties par nombre de perſonnes qui s'amuſent à ce Jeu, c'eſt pourquoi je ne déſeſpère pas que le Public ne les adopte.

De la partie du tête à tête à chacun ſix dés.

La première manière de jouer que j'établis eſt le tête à tête. Je ſuppoſe deux Joüeurs de même force avec un Domino de vingt-huit dés, jouant au plutôt cent points pour gagner, ſi les Joueurs prennent chacun ſix dez, la partie eſt ſimple : en voici un exemple.

Je ſuppoſe donc que c'eſt à moi à poſer premier, & que j'aie en main le double ſix, d'autres ſix, & d'autres dés compoſans les ſix dés que je dois avoir en main, c'eſt le jeu de poſer ce même double ſix : ſi mon adverſaire poſe un dés ſur le mien, & que j'aie de celui qu'il m'avance, je prends & poſe ſur ce même dés ; ſi mon adverſaire ne prend pas l'autre côté de mon premier dé, je dois douter qu'il n'en a pas, à moins qu'il ne pose le double de celui que j'avance, car c'est le jeu ; alors il pose sur le second dé que je viens de lui avancer, & si celui qu'il me joue est un dé qui soit à l'un des bouts des six qui me restent, je fais un par-tout ; c'est-à-dire, au moyen de ce qu'il reste encore un côté du six que j'ai le premier posé, & de ce que sur le dé qu'il vient de m'avancer, je pose un six, j'appelle ce jeu faire un par-tout, nécessairement je le fais bouder ; voilà donc trois dés placés : il m'en reste encore trois, je suppose deux six, dont l'un est le six blanc & le double blanc, & un autre dé ; c'est bien jouer que d'avancer celui dont vous avez le double blanc, parce que sur le blanc que vous avancez, vous appellez le dé qui se trouve au bout de votre autre six ; s'il vous arrive-vous fermez le jeu en faisant par-tout.

Il arrive souvent qu'on eût mieux fait d'avancer le dé dont vous n'avez plus, mais cette façon de jouer dépend du caprice ; car celui à qui il arrive de prendre un des deux partis, joue bien quand le hasard le favorise.

Mais s'il arrive que sur le six par-tout que vous venez de faire, l'adversaire pose un dé & que vous en ayez, il faut placer ce dé & conserver vos deux autres six, il ne peut que vous avancer un dé sur lequel vous avez encore à faire un par-tout, alors c'est gagner le coup forcément : dans tous les cas, & c'est un principe qu'il ne faut jamais oublier, c'est qu'on doit toujours faire ensorte d'avoir les deux bouts ouverts sur lesquels vous puissiez poser, de crainte qu'on ne vous ferme le jeu.

Je viens de dire que celui qui pose doit poser le double six, s'il l'a avec d'autres, il doit en faire de même de tous autres doubles s'ils se trouvent accompagnés ; mais le poseur doit bien se garder de poser un double s'il l'a seul & qu'il lui reste beaucoup de points, car il arrive souvent que son adversaire n'a pas de ce dé ; il s'agiroit donc de compter ensorte que le poseur qui a beaucoup de points se trouveroit ne pas jouir de l'avantage qu'il auroit eu de poser & perdroit par un principe certain, qu'ayant beaucoup de points son adversaire doit en avoir peu : mais si au contraire celui qui pose a un double seul & qu'il lui reste peu de points, il doit courir le risque de fermer le jeu & de faire abattre pour compter : il vaut donc mieux être presque sûr de ne pas passer ce certain double, que de l'ex-poser & perdre beaucoup de points.

A cette partie il s'agit de favoir s'il faut attendre que fon adverfaire avance un dé qui puiffe
vous faire pofer un double quelconque que vous
avez en main, ou fi vous devez l'avancer vous-
même; il ne peut y avoir de principes à cet égard :
tel qui l'avance, eût peut-être mieux fait d'attendre, & tel qui ne l'avance pas en le gardant
peut gagner beaucoup de points : il faut obferver
que comme à cette partie il n'y a pas de reffour-
ce, attendu le petit nombre de dés avec lequel
on joue, il faut toujours paffer un double, fur-
tout quand il eft fort.

Il eft encore néceffaire de favoir lorfque vous
avez en main le double fix & d'autres fix avec le
double cinq, un autre cinq feulement, qui eft
le cinq-fix & autres dés, lequel du double fix
ou du double cinq on doit placer premier : c'eft
le jeu de placer le double cinq, parce que vous
avez de quoi à repréfenter deux fois des fix pour
faire paffer votre double ; cependant fans ce
cinq-fix il faudroit placer votre double fix, car
il vous refteroit fûrement en main ; il réfulte
donc de cette obfervation qu'en plaçant votre
double cinq, votre adverfaire peut avancer un
dé qui foit à un de vos fix, vous ouvrez donc vos
fix fur ce dé, fi votre adverfaire le prend fans

rien attendre , pofé votre cinq-fix , vous devez pofer votre double fix ; au lieu que s'il arrivoit que vous pofiez votre double cinq , & que vous n'ayez pas le cinq-fix , vous rifqueriez de perdre tous vos fix : & je dis auffi que fi au contraire vous commenciez par le double fix , vous rifqueriez de perdre le double cinq , par la raifon que lorfque vous ouvririez votre double cinq par la pofition de votre cinq-fix ; votre adverfaire attentif à ne pas laiffer paffer le double cinq, vous le fermeroit ; ce feroit donc par hafard que vous réüffiriez en jouant le double fix : or comme il eft déja beaucoup de hafard dans ce jeu , on doit , quand on le peut , les éviter.

De la partie du tête-à-tête, à tel nombre de dés que ce soit, sans être au point.

CETTE partie est plus simple que celle dont je viens de parler, en ce qu'il ne faut dans celle-ci que placer ses dés pour faire domino ; au lieu que dans l'autre l'on joue non-seulement pour faire domino, mais encore pour gagner des points.

Cette partie se joue donc à qui fera un certain nombre de coups domino pour gagner, & comme il ne faut qu'empêcher de passer un double pour qu'on fasse domino lorsque l'occasion se présente, il ne faut pas la manquer : il faut avoir pour principe de conserver les deux bouts ouverts, sans s'embarrasser si votre adversaire place ses dés ou s'il passe beaucoup de points ; il arrive souvent dans cette partie que le jeu peut se fermer, mais il faut avoir attention de ne pas le fermer si vous avez beaucoup de points, car à ce jeu celui qui a le plus de points perd.

De la partie du tête-à-tête, à chacun sept,
huit dés ou plus, aux points.

CETTE partie se joue à-peu-près sur ces mê-mes principes ; j'observe cependant qu'il faut bien se garder d'avancer un dé dont on a le double, & dont on n'en a pas d'autres quand on ne pose pas premier, car il est presque certain que si vous l'avancez, ce double doit vous rester en main : dans cette partie à sept, à huit, jusqu'à douze dés, on doit être assuré que son adver-saire a un dé de chaque sorte ; or si vous l'ayan-cez, comme c'est le jeu de votre adversaire de le fermer, vous devez donc perdre ce double, puisque vous-même vous ne pouvez plus l'avan-cer : je ne parle pas de celui qui pose premier, c'est son jeu d'avancer le dé dont il a le plus, voilà ce qu'il ne faut pas perdre de vûe à cette partie, & voilà ce que je peux en dire ; elle est trop ingrate & n'est pas amusante, attendu le nombre de dés qui reste à l'écart.

De la partie du tête-à-tête aux points, à chacun douze dés.

C'est la plus belle partie qui puisse se faire ; elle est belle, dis-je, parce qu'elle est difficile à conduire, & il faut y apporter beaucoup de réflexion pour ne pas faire de fautes & ne pas perdre beaucoup de points.

Dans cette partie celui qui pose doit observer de ne pas avancer le double dont il a tous les autres dés qui le suivent, parce qu'il seroit obligé d'avoir le jeu à chaque dé, au lieu qu'en ne commençant pas par le double, vous forcez votre adversaire à avancer un dé sur le bout ouvert sur lequel vous posez un de vos dés dont vous avez le plus, vous enchaînez donc la partie & vous la conduisez jusqu'au point de la fermer ; vous ne devez donc pas, dis-je, poser votre double, parce qu'il vous empêche de bouder, & encore parce qu'il vous empêche d'avancer un dé fort.

Le principal point de vûe qu'un Joueur doit avoir, est de ne jamais ouvrir un dé contenant beaucoup de points, & de couvrir, autant qu'il le peut, ceux que son adversaire peut lui avancer, sur-tout lorsqu'il est presque sûr qu'il boude de l'autre bout, & il ne doit pas oublier que dans cette partie, comme dans toute autre, il faut fe conferver les deux bouts ouverts.

A ces parties lorfque votre adverfaire vous avance un dé dont vous avez le double, vous ne devez pas pofer au premier coup ce double, fur-tout fi vous n'avez pas beaucoup de ce dé, ou fi vous appercevez que cela feroit le jeu de votre adverfaire : vous devez au contraire avancer un autre dé, & vous jouez toujours bien, fi en ne faifant pas votre jeu vous empêchez celui de votre adverfaire.

C'eft à quoi un Joueur doit bien s'attacher de paffer ou de ne pas paffer les doubles s'il boude d'un bout, & qu'en paffant le double fur le dé ouvert, il craigne que fon adverfaire ferme le jeu, il doit paffer au contraire le dé qui puiffe lui empêcher de faire un par-tout, car alors l'ad-verfaire peut bouder fur cet ancien dé que vous venez de lui avancer, & eft forcé de pofer fur le dé qui lui auroit fait faire un par-tout : vous pofez donc votre double fur ce dé, la partie s'en-chaîne, & on paffe beaucoup de points : mais s'il ne boude pas fur ce dé que vous venez de lui avancer, & qu'il y joue en gardant toujours l'au-tre bout, paffez les plus gros dés que vous pouvez avoir ; par ce moyen vous évitez de faire gagner beaucoup de points ; votre adverfaire vous invitera plufieurs fois à paffer vos doubles ; mais ne le faite pas ; & préfentez-lui toujours un dé fur lequel il ne puiffe paffer les fiens ; il n'eft qu'un feul cas où l'on doive paffer fes doubles, c'eft lorfqu'on le fait pour faire fermer le jeu par votre adverfaire, c'eft-à-dire, lorfque vous le foupçonnez d'avoir plus de points que vous, malgré que vous ayez plus de dés que lui, en comptant fur le nombre de vos dés, il fe trompe & vous profitez du coup.

Un Joueur doit toujours deviner à-peu-près le nombre de points que fon adverfaire peut avoir, & lorfqu'il fe trouve embarraffé & qu'il craint de faire un par-tout, & fi le nombre qu'il a ne peut pas, au cas qu'il perde le coup, lui faire perdre la partie, il doit hafarder de fermer le jeu pour compter enfuite ; mais fi au contraire il a affez de points pour perdre du coup, il doit ne point hafarder & jouer pour faire domino à coup-fûr, ou pour paffer beaucoup de points.

Un Joueur doit toujours fe maintenir, ne point paroître avoir d'un dé plus que d'un autre, ne point paroître défirer qu'on en avance de gros ;

car au regard, à la conversation, au maintien,
il est possible de se douter de ce qu'on a dans
sa main, & c'est sur-tout aux derniers dés & sur
la fin d'une partie qu'il faut être plus circonspect.
Lorsqu'il ne vous reste qu'un seul dé , & que
votre adversaire en a deux qu'il peut poser aux
deux bouts, il cherche à savoir celui qu'il doit
poser pour vous empêcher de faire un domino,
ce n'est pas que j'approuve cette conduite : au
contraire, il est d'un beau Joueur de ne pas
chercher à tirer parti de ces examens qui retar-
dent les parties & qui impatientent un Joueur.

Telle est la conduite qu'on doit tenir dans
cette partie, on pourroit prendre un plus grand
nombre de dés, mais il est nécessaire qu'il y en
ait à l'écart, & les quatre qui y restent suffisent
pour faire produire différentes révolutions dans
le jeu, & différens coups de hasard toujours sur-
prenants.

Voilà, dis-je, les coups qui arrivent à chaque
partie; à l'égard des autres dont je ne parle pas
pour les jouer, il faut se souvenir de passer le
plus de points possible, & poser un dé dont il
vous en reste encore.

Il est aussi bon d'observer que quand il vous
reste en main tous les dés d'une même sorte dont

vous avez auſſi le double, il ne faut pas poſer votre double, il faut au contraire ouvrir le jeu & attendre un dé propre encore à faire un partout, en gardant ce double & en le paſſant ſur un certain coup : vous vous évitez d'ouvrir un dé, vous forcez votre adverſaire de l'ouvrir, & vous le fermez lorſqu'il vous eſt ouvert, ou vous paſſez un double que vous n'euſſiez pas paſſé ſi vous l'euſſiez ouvert.

De la partie à quatre, à chacun pour ſoi, ſans être aux points.

Pour jouer cette partie il faut mettre chacun au jeu, prendre chacun ſix dés, & retirer du jeu ſa miſe autant de fois qu'on fait domino ; c'eſt-à-dire, & je ſuppoſe que c'eſt à moi à poſer, je dois être plus certain de faire domino, qu'aucun autre Joueur, parce que je me trouve avoir un dé de moins, ſi je ne boude pas : ſi donc je fais domino, je retire ce que j'ai mis au jeu, le coup ſe recommence, on mêle les dés, & celui qui eſt à ma droite poſe : ſi le haſard me favoriſe que mes adverſaires boudent un ſeul coup & que je paſſe mon domino, je retire pareille ſomme, & ainſi de ſuite, juſqu'au quatrième

coup :

coup : lorsque le jeu est retiré, on rentre de nouveau au jeu & l'on joue. L'avantage qu'il y a à cette partie, c'est que vous pouvez gagner trois fois autant que vous avez hasardé.

Je n'ai jamais adopté cette partie, en ce qu'elle est susceptible d'inconvénients désagréables, ou favorise qui l'on veut, & l'on fait faire domino à qui l'on veut, quand sur la représentation d'un dé vous en avancez un tout nouveau, ou un dans lequel votre adversaire est entré; car c'est encore un principe à cette partie d'avancer un dé dont vous en avez beaucoup.

De la partie de la poule.

Cette partie se joue à trois ou à quatre, au plutôt cent points ; on met au jeu chacun une somme qui est toujours assez modique, & celui qui a le plutôt cent points gagne la poule.

Les principes de cette partie sont généraux, c'est de poser des dés de ceux dont on a le plus, d'avoir attention au nombre qui en est déja passé, de ne pas avancer un dé, de crainte qu'étant nouveau, celui qui est après vous ne fasse domino, de prendre plutôt un dé duquel on est sûr, que d'en ouvrir un nouveau, de faire attention à celui qui joue pour peu de points, car dans ce cas il faut jouer de manière que celui qui n'a pas beaucoup de points fasse domino.

Lorsque vous voyez que les gros dés ne s'ouvrent pas, & que vous craignez que quelqu'un ne gagne du coup, au lieu de faire un par-tout au côté foible, faites-le au côté fort ; dans ce même cas si vous n'avez qu'un six ne prenez pas celui qu'on vous a ouvert, laissez passer des points : mais dans le cas contraire, si vous avez le désir de gagner beaucoup de points, prenez les gros dés qui vous sont avancés autant que vous le pourrez, faites des par-tout toujours du côté foible, & si vous réussissez à faire domino, vous êtes sûr de gagner beaucoup de points.

Il faut aussi avoir attention de passer ou de ne pas passer un double, c'est-à-dire, qu'il faut le passer si vous ne craignez pas qu'on ferme le jeu, mais il faut se garder de le faire si vous craignez qu'on ferme le jeu : quelquefois cependant vous tendez un piége, je veux dire, que vous le passez ou vous ne le passez pas, si c'est le jeu, pour le fermer, mais dans le cas où vous n'avez que très-peu de points & que vous espérez gagner étant fermé.

Cette partie de la poule aux points est belle lorsqu'elle ne se fait qu'à trois personnes, à chacun huit dés.

Cependant on peut la faire à quatre, à chacun six dés : voici comme elle se gouverne. On prend chacun six ou huit dés ; celui qui doit poser doit toujours avancer ses plus gros dés, à moins cependant que ce ne soit un double, & qu'il soit seul, car il pourroit arriver qu'on fasse un partout dans ce double & il bouderoit.

De la partie au denier le point au plus.

CETTE partie, pour être belle, ne doit se faire qu'à trois. Pour la jouer on prend ordinairement sept dés ; le principal but de cette partie est de se débarrasser le plus qu'on peut de ses gros dés, parce qu'il arrive assez souvent qu'on ferme le jeu ; cependant celui qui pose ne doit les ouvrir que comme forcé, c'est-à-dire, à moins qu'il n'en ait beaucoup de gros, parce qu'autrement les forts dés qu'il a, servent à fermer ceux qu'on lui avance.

B 2

De la partie au piquet voleur, c'est-à-dire, deux contre deux, à chacun six dés, au plutôt cent points.

Il faut à cette partie avoir pour principe de fermer toujours le dé de votre adversaire. Voici pour plus d'éclaircissement un exemple.

Je suppose un Joueur qui doit poser premier, & qu'il ait en main un double & trois ou quatre autres dés qui se rapportent à ce double, & un autre double avec un autre dé, c'est le jeu de poser le double dont on n'en a plus, ou dont on n'en a qu'un, parce que vous forcez vos adversaires de vous ouvrir les dés qui se rapportent à ceux que vous avez en main, & il peut arriver que vos adversaires & même votre partenaire vous avancent des dés dont vous avez tout le reste en main, vous devenez donc maître du jeu, & vous ne pouvez que faire domino. Quand votre jeu n'est pas sûr, il faut avoir attention au dé que votre partenaire vous avance ni point poser, & si vous avez un par-tout à faire, c'est de le faire dans le dé qu'il vous offre ; de même quand vous n'avez pas de jeu fait, il faut faire attention si vos adversaires jouent pour peu, d'avancer les gros dés afin de ne pas perdre du

coup : lorfque vous avez un par-tout à faire par
lequel le jeu peut fe fermer, il faut favoir qui a
pofé, fi c'eft vous ou votre partenaire que vous
n'ayez pas boudé, que les gros dés ne foient pas
fortis & qu'il vous refte peu de points, il faut
le fermer : fi au contraire quoique vous ayez pofé,
que les gros dés ne foient paffés & qu'il vous refte
plus de dés & de points que vous en pouvez
foupçonner à vos adverfaires, il faut faire le par-
tout du côté qu'il ne foit pas fermé ; il faut auffi
faire attention que quoique vous ayez beaucoup
de points, fi votre partenaire a moins de dés
qu'aucuns des Joueurs, vous devez toujours le
fermer, il arrive cependant que vous vous trom-
pez, mais qu'importe, c'eft le jeu de courir le
hafard.

On peut du Jeu de Domino former encore
différentes fortes de parties, telle que la partie
à quatre dés, & puifer enfuite au talon, mais
n'y ayant pas de combinaifon à faire, & devant
jouer tous dés forcés, il n'eft pas néceffaire d'en
parler.

Dans toutes les différentes parties dont il
vient d'être parlé, je n'ai pas prefcrit particulièrement la manière dont doivent fe comporter les
adverfaires, c'eft-à-dire, de ceux qui ne pofent

pas premiers : mais cependant la marche qu'ils doivent tenir s'y trouve comprife, & pour l'y trouver il faut réfléchir aux craintes qu'à celui qui pofe premier, faire attention aux dés auxquels celui-ci doit bouder, & enfin il verra les coups qu'il doit éviter, par la demande d'un dé favorable que paroîtra défirer fon adverfaire. Le principe de fe débarraffer des points pour un pofeur devient néceffaire à celui qui pofe en fecond, l'avantage de fermer le jeu quand on a peu de points lui appartient auffi ; en un mot il ne doit avoir pour objet que d'empêcher de paffer des doubles, des gros dés, & d'avancer les gros dés autant qu'il eft poffible.

Il eft encore une autre partie qu'on peut former de ce jeu ; c'eft celle qu'on appelle le *vingt-un* : ce font deux jeux de vingt-huit dés joints enfemble, defquels on a tiré les deux doubles-fix & un cinq-fix ; mais cette partie n'étant pas permife, en ce qu'il peut fé jouer gros jeu, & ce jeu n'étant pas fait pour m'amufer, je n'en donnerai point d'autres idées, & je me contente d'inviter le Public à ne pas s'y livrer.

RÈGLES
Du Jeu de Domino.

CE n'est pas tant pour parler des principes de ce Jeu que pour en établir des Règles, que ceci est entrepris. Il est sans doute important, pour éviter des difficultés qu'il en existe ; celles qui suivent sont celles adoptées par des gens réfléchis, & c'est d'après eux que je les mets au jour.

Avant de commencer une partie quelconque, il est nécessaire de savoir qui doit poser premier, parce que c'est un avantage.

I. Il reste donc pour chose décidée qu'il faut que chaque Joueur prenne un dé, & celui qui a le plus fort pose premier, si les dés sont égaux, il faut retirer de nouveau, & celui qui a le plus fort se place où il veut, ainsi de suite, à droite.

II. A la partie au piquet voleur, pour savoir à qui sera ensemble, il faut tirer chacun un dé, les deux plus forts dés sont ensemble, & les plus foibles ensemble : comme l'avantage est de poſer premier ; quand les deux forts dés ſont égaux, les Joueurs peuvent exiger qu'ils prennent un dé de nouveau, afin de ſavoir à qui poſera.

III. A la partie à douze dés ou moins même juſqu'à ſix, qui a pris un dé de moins perd la partie : pour cela il ne faut pas attendre que le coup ſoit fini, il faut après avoir poſé chacun un dé, le faire voir & finir cette partie.

IV. A toutes parties qui a pris un dé de plus, le garde & même plus.

V. A la partie à quatre, à chacun ſix dés, qui a pris un dé de moins, on le force d'en reprendre un au talon. Cette règle devient plus douce que celle ci-devant, mais c'eſt qu'on s'apperçoit plus promptement qu'un Joueur n'a pas ſon compte, ne devant reſter que quatre dés au talon.

VI. La main coule, lorſque celui qui a poſé, a pris un dé de moins, mais elle ne coule pas quand ce n'eſt pas celui qui poſe.

VII. Celui qui doit poſer doit retourner les dés & les battre, & chaque Joueur peut auſſi les battre.

VIII. Lorsque les Joueurs prennent leurs dés, si en les prenant un dé est vu il faut rebattre ; mais si un Joueur en retournant ses dés en découvre un on ne doit pas refaire.

IX. Celui qui boude sur un dé, à telle partie que ce soit, perd la partie, si l'adversaire l'exige, ou fait au moins ce qu'il veut, c'est-à-dire, fait poser, ou ne pas poser à un bout ou à un autre.

X. Dans telle partie que ce soit, dès qu'un dé est couvert, où dès qu'un Joueur a joué à l'autre bout, les dés ne se relèvent point, & la partie est bonne quand même le dé n'iroit pas.

XI. Celui qui pose premier doit laisser prendre les dés à ses adversaires avant d'en prendre.

XII. Un dé présenté sur un bout, s'il n'y va pas, & qui aille à l'autre bout, doit être posé.

XIII. Ce jeu doit être joué sans annoncer son dé en le posant, mais si on l'annonce avant que de le poser, & qu'ensuite on en présente un autre , on peut exiger que le dé annoncé soit posé.

XIV. A telle partie que ce soit les Joueurs doivent laisser leurs dés sur la table.

XV. Un jeu peut être fermé quand cela plaît à celui qui le peut.

XVI. Si un Joueur dit qu'il boude , que par ce moyen le jeu se trouve fermé , ou que l'on joue encore , & qu'ensuite il présente son dé sur un autre bout , la partie doit être finie à l'instant , & si c'est à la poule qu'on joue , il en sera quitte pour payer à chacun une mise ; si c'est au piquet voleur , il payera la partie pour lui & pour son partenaire ; si c'est à un tête-à-tête , il perdra la partie , ainsi qu'à toutes autres parties.

XVII. Quand un Joueur prend ses dés , il doit les prendre devant lui & prendre son compte juste , & s'il lui arrive d'en prendre plus , & qu'il fasse mine , étant devant lui , de les choisir sans être retourné , il gardera ceux qu'il aura pris de trop , ou un Joueur lui en retirera ce qu'il a de trop.

XVIII. Tous dés découverts doivent être posés sur le coup, s'ils vont.

XIX. Les dés du talon doivent toujours être à la droite de celui qui pose.

XX. Si un Joueur dit qu'il boude, & qu'à l'instant il s'apperçoive qu'il a du dé il doit poser, si celui qui est sous sa main n'a pas posé, & s'il a posé, il pourra par la suite poser ce même dé.

XXI. Au piquet il pourroit arriver qu'un Joueur, pour faire voir à son partenaire qu'il a un certain dé, poser ce même dé, quoi qu'il n'aille pas, alors les adversaires peuvent empêcher que le partenaire de celui qui a découvert son dé n'ouvre pas ce dé ; si cependant c'étoit un dé forcé ils ne pourroient pas faire bouder.

XXII. Toutes les fautes seront personnelles, & un partenaire n'en souffrira point, il ne pourra même rien gagner, mais il ne pourra perdre.

XXIII. Quand le jeu se trouve fermé, celui qui a le moins de points gagne ; & lorsqu'il y a un même point entre plusieurs, excepté le poseur,

celui qui est le plus près de la droite de celui qui
a posé gagne.

XXIV. Un Joueur qui demande qui a posé
premier, ou quel est le dé qui a été posé premier,
ne peut exiger qu'on lui dise.

XXV. Si un Joueur fait découvrir les dés de
son adversaire, l'adversaire peut faire rebattre,
tel nombre de dés qu'il puisse lui rester, mais la
main ne coule pas; cela s'entend seulement dans
le tête-à-tête.

XXVI. Un Joueur ne doit point recevoir de
conseils; mais cependant s'il arrivoit qu'un Specta-
teur en donne un sans qu'il lui soit demandé, les
Joueurs ne pourroient empêcher que le dé désigné
soit posé, parce que ce seroit faire tort à celui qui
a seulement réfléchi pour poser, ayant pu, sans
qu'on lui dise, poser le même dé que ce Spec-
tateur a désigné.

F I N.